U0572472

奎文萃珍

孔孟圖歌

[清] 江鍾秀 編

文物出版社

圖書在版編目（CIP）數據

孔孟圖歌 / (清) 江鍾秀編. -- 北京 : 文物出版社, 2022.9
（奎文萃珍 / 鄧占平主編）
ISBN 978-7-5010-7476-1

Ⅰ. ①孔… Ⅱ. ①江… Ⅲ. ①孔丘（前551–前479）–生平事迹②孟軻（前390–前305）–生平事迹 Ⅳ. ①B222

中國版本圖書館CIP數據核字(2022)第047335號

奎文萃珍
孔孟圖歌〔清〕江鍾秀 編

主　　編：鄧占平
策　　劃：尚論聰　楊麗麗
責任編輯：李子裔
責任印製：張道奇

出版發行：文物出版社
社　　址：北京市東直門内北小街2號樓
郵　　編：100007
網　　址：http://www.wenwu.com
經　　銷：新華書店
印　　刷：藝堂印刷（天津）有限公司
開　　本：710mm × 1000mm　1/16
印　　張：8.75
版　　次：2022年9月第1版
印　　次：2022年9月第1次印刷
書　　號：ISBN 978-7-5010-7476-1
定　　價：80.00圓

序言

《孔孟圖歌》二卷，江鍾秀編。清光緒三十年（一九〇四）鉛印本。

江鍾秀（？—一九二六），字壽亭、壽峰。山東歷城人。自幼誦讀四書五經，固守孔孟之道，著有《尊孔大義》十卷。民國初立，維新思想盛行，政府下令停止讀經，江鍾秀寫《尊孔大義綱要》上呈，力諫孔孟經書不可廢。爲捍衛孔孟之道，民國七年（一九一八），江鍾秀在濟南創立萬國道德會籌備總處，邀請當時軍政商學各界人士參加，獲得支持。民國十年（一九二一），『萬國道德會』在山東泰安成立，聘請上海尚賢堂創辦人李佳白爲名譽會長，孔德爲會長，康有爲、田步蟾爲副會長，江鍾秀爲監理，總理會務。『萬國道德會』宣導以孔孟道德倫理教化人類，以達到『世界大同』。

《孔孟圖歌》以圖文并茂的形式生動描繪了孔子、孟子一生的生平事迹。卷前江鍾秀《孔孟圖歌序》中詳述了撰此書的緣起，『今欲勸民興學，必先釋民疑。釋民疑，必先令各鄉村整頓鄉約，時時集衆演説，而鄉約演説，尤必特謂尊崇孔孟，爲今日學堂第一要務……僭爲《孔孟圖歌》兩卷，冀吾鄉人朝夕觀覽諷咏，以爲今日勸學之嚆矢，而爲他年維教之砥柱也」。書凡二卷，卷一爲《孔子圖歌》，卷二爲《孟子圖歌》，按孔子、孟子一生事迹擇其要者繪圖，由畫家王宣甫、侯殿元精心摹繪。首卷孔子像前先繪日圖，次卷孟子像前先繪月圖，表明孔孟是世上日月，與天上日月無异，終身信從，永沐光輝，不敢背叛。兩卷圖像均以四字標名，按圖示寫，便于記憶。每圖均配有歌詞，方便吟誦，并俾人易記。歌詞上注明『宣』『講』二字，醒人眼目，『宣』系高聲朗唱，所以多爲方言俚語，朗朗上口；『講』系緩聲詳説，皆文言，以詳歌中所不能詳之事，體式較精。

《孔子圖歌》共有尼山致禱、俎豆禮容、學琴師襄、問禮老聃、商羊知雨、退修詩書、化行中都、夾谷會齊、禮墮三都、因膰去魯、靈公郊迎、匡人解圍、禮見南子、宋人伐木、骨辨防風、楛矢貫隼、五乘從游、西河返駕、靈公問陳、知魯廟災、在陳絶糧、子西阻封、辭衛歸魯、作歌邱陵、西狩獲麟、夢奠兩楹、哀公立廟、治任别歸等二十八圖。《孟子圖歌》共有泰山乘雲、三遷成名、師事子思、斷機喻學、游見齊宣、返魯葬母、臧倉阻駕、滕文問道、游見梁惠、力辟楊墨、退作七篇、禮廢賀冬等十二圖。聖迹圖多用白描，綫條流暢，構圖生動，雕刻精細，色調古雅，生動展示了孔子、孟子一生中的重要事迹，再現了兩位哲人的卓越貢獻。全書圖像精工，歌詞詳明，便于初習者學習。

本次影印以北京師範大學圖書館藏清光緒三十年鉛印本影印。

程仁桃

二〇二二年四月

孔孟圖歌序

太陽太陰。為天上之日月。孔子孟子。為世上之日月。天上之日月。明徧庶物。世上之日月。明徧庶民。此吾中國四百兆人於教所由。皆自謂宗孔孟矣。宜其於孔孟生平實事。知之詳而說之長也。乃苟執而問之。農工商兵。固皆不知所對。卽學士大夫。亦往往不能道其詳。夫既自謂以之為宗矣。乃不知不詳其實事。是何異孫曾不知不詳其祖宗之事實也。光緒壬寅英大臣駱璧理。面向我

中丞。郁山周太公祖。索孔孟事蹟傳誌。

中丞。因飭學務處。急以聖蹟圖三遷志付之。卽在遠人。猶思知

孔孟事實。而吾中國。爲孔孟桑梓。顧往往不能道其概。恥孰大焉。況秦政愚民。流毒至今。鄉村氓庶。封閉特甚。尤宜俾皆知尊崇聖教。藉以沾濡孔孟之明。而自破其愚惑乎。方今國家。屢頒明詔。諄諄勸興學校。我東省。爲鄒魯舊壤。尤當首導先路。預杜流弊。仰副明詔。撫藩臬道府縣各憲。承流不遑。數頒章程。屢行示諭。德育智育體育。三者并行。尤以德育爲兢兢。省會郡邑。知識大開。固已所在。感激奮興矣。乃吾偏辟鄉村。一二田夫野老。見聞較隘。西學與西教不分。反生疑惑。謂是爲背孔孟而學基督。相戒不應。大爲學校阻力。是何不明一至此極也。昔衛文公。爲狄所滅。勸學敬教。卒能中興。衛室爲世所稱。夫勸學。必先敬教。而後民始有所專主而不惑。秀以爲今欲勸民興學。必先釋民疑。釋民疑。必先令各鄉村。整頓鄉約。時時集衆演說。而鄉約演說。尤必特謂尊崇孔孟。爲今日學堂第一要務。然後趨之興學。而田夫野老。始恍然於朝廷。及各憲汲汲勸學之苦心。係爲振興人才。干城聖教。幷非背孔孟而學基督。將感激零涕愧悔不暇。互相勸勉。共任義務以爲願。須臾無死。復覩三代學校之興也。然民疑釋矣。學堂興矣。而又恐喜新厭故者他年流而忘返。將謂八荒而遙。不乏奇書可讀。四海之外。亦有聖人可欽。又何必事事拘拘於孔孟爲耶。孔孟之教。不遭焚坑。而焚坑矣。是他年之爲不明者。尤甚於今日之不明也。秀乃忘己昏昏。使人昭昭。僭為孔孟圖歌兩卷。冀吾鄉人。朝夕觀覽諷詠。永撥雲霧睹日月。以為今日勸學之嚆矢。而為他年維教之砥柱也。是則秀區區纂撰之微意也夫。

光緒三十年三月念六日山左歷城江鍾秀

孔孟圖歌緣起

山左歷城江鍾秀壽峰編

一歌詞。神奇鬼怪。一切不經說部。如封神演義等書。皆撰有唱歌。誘人諷詠。最爲人心之害。歷代邪教之禍。皆胎於是。與其禁之不行。徒滋煩擾。何若本其誘人諷詠之意。移之正學。以端人心而消亂萌。且東西各國。教化愚氓婦孺之法。皆撰有唱歌。以感發其性情。吾國鄉村。愚氓婦孺。教化久闕。且六經四子。文義太深。即騾語之。彼實難喻。此條所關尤鉅。是編首卷歌詞。係於李君長春處。撿得抄本。讀之。知作者。本江慎修。先正聖蹟考。編爲歌詞。俾人易記。爲功不淺。惟惜姓名未載耳。卷首僅有校正姓氏。章南。彭澤令。會川。蘇全孝。子純。蘇君。校正尤詳。增訂辨正。十居三四。煞費苦心。爲力甚鉅。秀因即其原詞。略爲損益。併特爲注明。宣講二字。醒人眼目。宣係高聲朗唱。講係緩聲詳說。體式較精。但孟子爲孔教指南。吾國論道者。久與孔子并稱之。

曰。孔孟之道。是孔子既有歌詞。孟子亦不可無。惜作者未暇及耳。秀因復卽孟子一生事蹟。撰爲俚歌。併集爲講詞。書成。質之方伯。鼎臣。胡大公祖。觀察。郭介臣。朱養田。夫子。及王君貢南。黃君鳴九。縣尊呂子幹。韓芙洲夫子。均尙爲然。至歌鄙俚太過。係專爲開化愚氓婦孺起見。且祇以歌貫串孔孟之事。俾庸愚易誌。鄙俚諒所不妨。若兩卷所集講詞。雖皆文言。未暇演成白話。然不過贅述以詳歌中所不能詳之事耳。諒熱心教育諸大君子。必能用方言俚語。隨在指示。俾不學愚氓婦孺。皆能明白曉喩以去矣。

一圖像。　吾國一切不經說部。又皆繪有圖像。誘人觀覽。亦最爲人心之害。且東西各國。教化愚氓婦孺之法。又皆繪有圖像。以悅怡其心目。吾國鄉村愚氓婦孺。教化久闕。此條所係亦鉅。是編均按孔子孟子一生事蹟。擇其要者繪圖。秀特逐節開寫大意。訪聘王君宣甫。侯君殿元。精心摹繪。併特於首卷孔子像前。先繪日圖。次卷孟子像前。先繪月圖。俾宣講者。時時持以示衆。庶愚氓婦孺一見。卽知孔孟爲世上日月。與天上日月無異。至明至神。終身信從。永沐光輝。不敢背叛。自逃雲霧。

一標題。兩卷圖像。均以四字標名。俾人易記。秀特請樊君校宜與陳君冰生。按圖標寫。樊君與體式欠妥者。多所指正。陳君不辭勞苦。一一精心標寫。均有功於茲編也。

一校正。字句必須校正無訛。方便觀聽。兩卷均經陳彩三。張鼎文兩夫子。及嚴君彤臣。武君敬伯。併族伯心齋。邱君漢庭。悉心校正。其繕清者。則程君德馨。王君子元。孫君仲侯。王君在書。曲君立德。及秀胞弟振清也。且是原名。孔孟圖解。嗣經段嫺尊鴻飛。改名為孔孟圖歌。所以然者。嫺尊謂正學不明。邪教競興。愚氓婦孺。爭入恐後。惟繪孔孟之圖。可以動其目。惟編孔孟之歌。可以動其耳。自能棄闇投明。逃雲霧而就日月。至兩卷講詞。不過備述以詳歌中所不能詳之事耳。固不妨祇以圖歌括之也。然家庭教育。尤為緊要。倘更以各家半通文義子弟。每多背其父兄。私購各種小說。及一切淫曲褻詞。無事之時。藉以消悶。看畢併轉與同輩。津津道之。一以傳十。十以傳百。誨盜誨淫。遂使人壞盡心術。誣惑終身。今即令移其購小說詞曲者。購此則圖。可悅目。歌可悅口。而講詞既屬文言。未免半解半疑。其疑者。自必思問。以釋其疑。庶有以引其好學之心。而消其淫盜之念矣。從此家置一編。人手一卷。日日食作之餘。及風朝雨夕。父持以教其子。兄持以教其弟。夫持以教其婦。家主持以教其奴僕。吾知孔孟正學。不勞而自明矣。況近來東西各國。喜讀儒書者。所在皆有。往往向孔府。孟府。求至聖亞聖傳誌。彼國素重圖像。又重唱歌。而唱歌尤以最俚易曉者爲佳。茲編若能付印流傳。彼必樂購。譯行海外。花之安。五百年後。孔教徧行全球之言。亦可於是編基之矣。豈僅爲鄉約宣講設哉。

孔子圖歌序

日者。凡星所藉以明者也。孔子者。凡人所藉以明者也。天上無日。萬古如長夜。而天不明。天不明。則庶物不生。世上無孔子。萬古如長夢。而世不明。世不明。則庶民不生。何者。物死於幽。生於明。民亦死於幽。生於明。且一人明。而能推其明。以及人極其所至。則足以生無量數人。一人不明。而苟播其不明。以及人極其所至。亦足以死無量數人。秀嘗考髮匪之難。死人二千餘萬。普天同憤。實緣洪逆至惑不明。課讀館內。撤去孔子之位。一事發端。秀先曾大父母。與先大父。暨先伯大父母。併先幼叔。皆戰歿於咸豐時。髮匪之難。家大母。暨家父母。仰念先痛。每遇家祭墓掃。輒涕泣不甘食者累日。秀每睹家大母暨家父母。此情此景。未嘗不涕淚沾襟。拔劍起呼。思欲俾人人皆口孔子。耳孔子。目孔子。手孔子。無時無事。不以尊崇孔子爲心也。孔子固凡人所藉以明者也。即凡人所藉以生者也。比之於天。殆猶日也。天上有日。春夏秋冬以成。世有孔子。易書詩春秋以成。春以養物。易以養民。夏以長物。書以長民。秋以收物。詩以收民。冬以藏物。春秋以藏民。養長收藏皆生也。物不能外於春夏秋冬。自尋生成。民亦何能自外於易書詩春秋。而自尋生成乎。孔子贊易。刪詩。訂書。修春秋。集羣聖爲一聖。所謂超皇帝王伯而作萬世之師。萃道德功力。而垂萬世之統者也。凡民當何如尊之。崇之。服之。

事之。奉爲宗主。而百變不能離之也。乃近數年來。正教不明。庸愚心志。無所寄託。而奸民刁儈。乃得乘隙。各出其荒唐奇謬。旁門邪說。蠱惑愚民。自張氣燄。且恐其教之久而將敗也。復假記吾聖賢仁義之說。以自固。或五日一會。或十日一會。夜聚晝散。干名犯義。令人心測。恐久又將釀爲生民之鉅禍。而不可收拾。其患將有甚於洪逆者。凡有血氣。皆思挽救。況秀之夙懷悲憤者乎。而庸愚無識。方且迷茫雲霧。深入不返。其亦思天無二日。即世無兩至聖乎。又何必舍此曒曒明日。而自尋雲霧爲耶。倘得吾圖吾歌。而翻然改。就吾孔子焉。其可謂能出幽谷。而遷喬木矣。庶曒曒明日。不至永爲雲霧所蔽也乎。

光緒三十年三月念六日山左歷城江鍾秀

至聖孔子
日

孔孟圖歌前引

大學曰在明明德在新民在止於至善孔子無量數人中之至善也夫孔子既爲無量數人中之至善則無量數人皆當止之矣然又非強人以所本無而因人以所固有也何者無量數人之心之中皆有一至善即無量數人之心之中皆有一孔子也然則今茲非宣講孔子也亦宣講無量數人之心之中之至善耳江鍾秀謹註

引曰

說起孔夫子　聽者當盡知　若論生平事　誰能核其實
閒來無的做　編部宣講詞　諸君請落坐　聽我提一提

尼山致禱

宣　常言道曲阜至聖萬古傳　聽着我從頭至尾溯根源
那至聖父親原是叔梁紇　在鄹地身爲大夫做邑官
他爲人性情嚴謹多勇武　娶了個元配施氏最稱賢
生下了九個閨女無有子　多虧了妾氏產了伯尼男
叔梁紇嫌他庶出難承繼　又向那同里顏氏求姻緣

講　按本姓解叔梁紇娶施氏生九女而無子妾生孟皮一字伯尼有足病乃復求婚顏氏顏氏有三女其少曰徵在顏氏問三女曰鄹邑大夫雖祖父爲士然其先聖王之裔也今其人身長十尺武力絕倫吾甚貪之雖年長性嚴不足爲疑三子孰能爲之妻二女莫對徵在進曰從父所制將何問焉父曰即爾能爲矣遂以妻之

宣　這顏老聞聽季女說來話　就將他許配孔門作良緣
有顏氏嫁於孔府廟中拜　見丈夫六旬以上有餘年

恐怕他年歲高邁有閃失　暗地裏不住禱告尼丘山
禱告着神靈保佑速生子　總然是丈夫有失也心安
這尼山眞實有神多靈爽　到過年生了一個聖人男
他本是字表仲尼名孔丘　生在那靈王二十有一年
論年干庚戌十月庚子日　卽夏正八月廿七那一天
這就是至師孔子先師誕　願學人牢記心懷不僞傳

講　按闕里誌孔子降生時有麟吐玉書於闕里其文曰水精之子繼衰周而爲素王徵在賢明知爲神異以繡紱繫麟角信宿而去孔子生時夜有二龍自天而降來附徵在之房又有五老降庭則星之精也

宣　可見他天生聖人傳道德　無怪乎萬世廟享把名傳

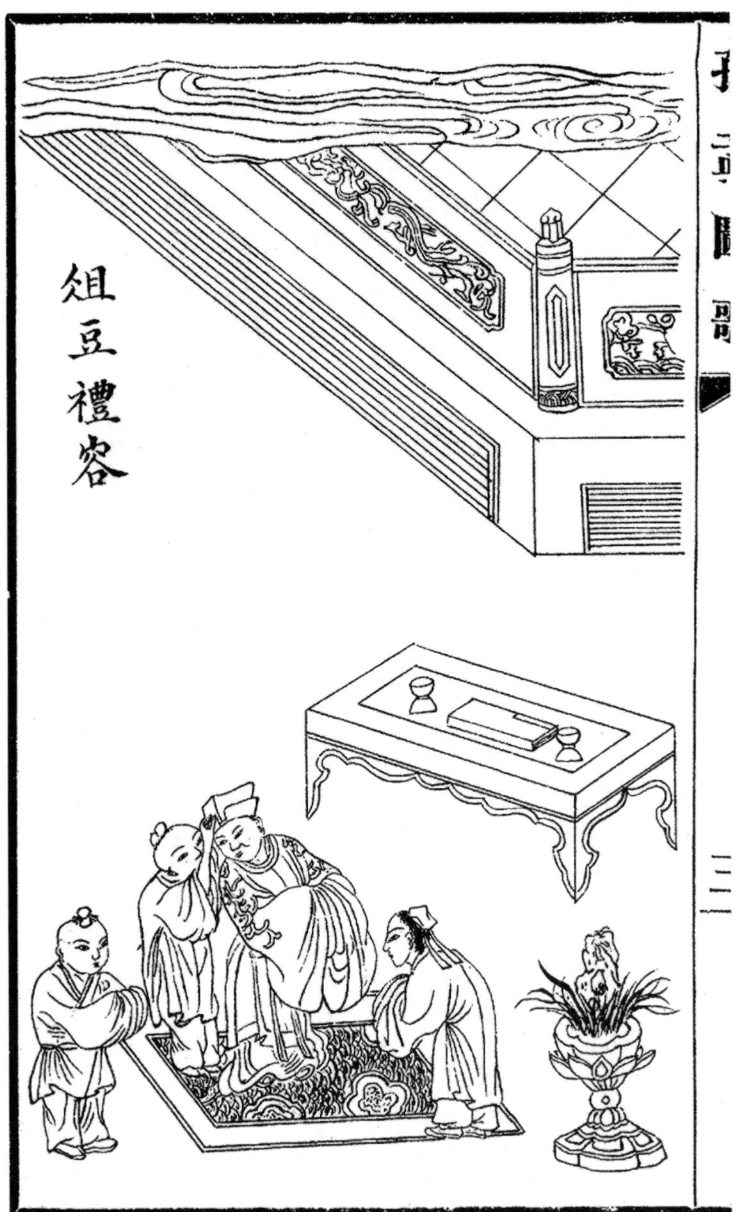
俎豆禮容

宣 最可憐三歲不幸喪了父　郰邑人將他殯在五父間
到了那六歲之時陳俎豆　演習的一切禮貌甚周全
又到了十九歲上完婚配　娶了那宋國賢女姓亓官
二十上仕於魯國爲委吏　又生了伯魚名鯉是一男
二十一又在魯爲司職吏　就是那孟子說他爲乘田

講 按金氏通鑑前編司職吏註職讀爲樴繫養犧牲之所

宣 二十二始教門徒在闕里　二十四聖母顏氏染黃泉
啓他父叔梁紇來合了葬　同埋在新遷塋地是防山

講 按歷聘紀年二十四歲聖母顏氏卒檀弓孔子少孤不知其墓殯於五父之衢人之見者皆以爲葬也其愼也蓋殯也問於聊曼父之母然後得合葬於防此節爲世

大疑近世高郵孫遂人著檀弓論文不知其墓殯於五父之衢十字當連讀爲句蓋殯也問於聊曼父之母兩句爲倒句甚有理蓋古人埋棺於坎爲殯殯淺而葬深孔子實淺葬於五父之衢因少孤不得其詳不惟孔子之家以爲已葬至道旁見之者亦因以爲已葬至是母卒欲從周人合葬之禮卜兆於防惟以父墓淺深爲疑如其殯而淺也則可啓而遷之若其葬而深也則疑體魄已安不可輕動其愼也蓋謂夫子再三審愼不敢輕啓父墓也（鄭氏破愼爲引無義禮）後乃知其果爲殯而非葬由問於聊曼父之母而知之如此讀之可爲聖人釋疑有裨禮經者不淺

學琴師襄

宣二十七正値郯子來朝魯　孔夫子去到國裏詳問官
二十九又學琴於師襄子　眞個是文王爲人可見焉

講　按左傳昭公十七年秋郯子來朝公與之宴昭子問焉曰少皡氏以鳥名官何故也郯子曰我高祖少皡摯之立也鳳鳥適至故紀於鳥爲鳥師而鳥名　鳳鳥氏歷正也元鳥氏司分者也伯趙氏司室者也青鳥氏司啓者也丹鳥氏司閉者也祝鳩氏司徒也鴡鳩氏司馬也鳲鳩氏司空也爽鳩氏司寇也鶻鳩氏司事也五鳩鳩也五雉爲五工正利器用正度量夷民者也九扈爲九農正扈民無淫者也仲尼聞之見於郯子而學之

家語孔子二十九歲學琴於師襄子襄子曰吾雖以擊磬爲官然能於琴今子於琴已習可以益矣　曰邱未得其數也有間曰已習其數可以益矣曰邱未得其志也有間曰已習其志矣以益矣曰邱未得其人也有間孔子有所繆然思焉有所睪然高望而遠眺焉曰邱殆得其爲人矣近黮而黑頎然長曠如望羊奄有四方非文王其孰能爲此師襄子避席葉拱而對曰子聖人也其傳曰文王操

問禮老聃

宣　三十四聖人適周學大業　正是那昭公二十有四年
幸魯君給他一車共兩馬　纔與那南宮敬叔去朝天

講　按家語孔子謂南宮敬叔曰吾謂老聃博古知今通禮樂之原明道德之歸則吾師也今將往矣對曰謹受命遂言於魯君曰臣受先臣之命云孔子聖人之後也少而學禮汝必師之今將適周觀先王之遺制考禮樂之所極斯大業也君盍以乘馬資之公曰諾與孔子車一乘馬二匹至周

宣　孔夫子一車兩馬適周國　正是那昭公二十有四年
見了那猶龍老子先學禮　又合那萇宏牟賈把樂談
觀了觀明堂四門眞莊樣　看了看周公抱主朝金鑾
又到了太祖后稷廟堂上　見金人三緘其口在階前
自此後聖人學問大長進　回了家招聚弟子有三千

商羊知雨

宜　三十五正值魯國干戈動　有一個強臣季氏專大權

把主子赶出魯國向齊去　正是那昭公二十有五年

孔夫子心中不悅思去魯　要向那齊國以裏把身安

講　按說苑孔子至齊郭門之外遇一嬰兒挈一壺相與俱行其視精其心正其行端孔子謂御曰趣驅之趣驅之韶樂方作遂聞韶學之三月不知肉味家語孔子在齊舍於外舘左右曰周使至言先王廟災孔子曰此必釐王之廟釐王變文武之制作華麗之飾而弗可振也故天殃所宜加俄傾左右報曰釐王廟也公驚起再拜曰聖人之智過人遠矣又有一足鳥舒翅而跳齊侯使人問孔子孔子曰此鳥名商羊水祥也昔有兒屈其一脚振迅兩肩而其謠曰天將大雨商羊起舞今齊有之其應之矣宜急使民治溝渠修隄防傾之大霖雨水泛溢惟齊有備景公曰聖人之言信而有徵矣

宣
齊景公見了孔子心歡喜　喜的是水來有備而無患
孔夫子指望景公能大用　因此上在齊住了彀一年
行說着孔子年紀三十七　想當時又還魯國教諸賢
這一年赶着季札長子死　死之後將就葬於嬴博間
這嬴博雖是齊地郤近魯　孔夫子曾由魯國去往觀
足見他當時行縱還在魯　正是那昭公二十有七年
自此後孔子行旌往齊國　齊景公待他心裏甚喜歡
四十二在齊景公來問政　對他說君君臣臣公悅焉
因封他廩邱之地辭不受　到改日又要封以尼谿田
誰料想賢如晏嬰多阻擋　公又有吾老不能用之言

退修詩書

宣 孔夫子因此在齊絕了望　不得不還魯設教於杏壇

這時節聖人去齊復歸魯　正是那昭公三十有二年

講 按史記景公問政孔子曰君君臣臣父父子子他日又問曰政在節財公說欲以尼谿田封孔子晏嬰進曰孔子盛容飾繁登降之禮累世不能殫其學當年不能究其禮君欲用之以移齊俗非所以先細民也異日景公止孔子曰奉子以季氏吾不能以季孟之間云云孔子遂行反乎衛

宣 四十七退修詩書共禮樂　諸弟子遠方來者盡英賢

這時節定公五年正教讀　又把那土怪羵羊辨一番

化行中都

宣

五十歲陽虎作亂敗了陣　偷着那寶玉大弓逃外邊
又有個公山弗擾以費畔　雖使人來招孔聖也枉然
魯定公至今坐了已八載　孔聖人始宰中都做小官

講

按不狃與陽虎共謀去三桓故論語以爲畔其實未嘗據邑興兵也朱子集註陽虎共執桓子乃因史記之文其實非共執也不狃自在費陽虎將享季氏於蒲圃爲前驅以監之耳虎奔在九月不狃之召蓋在其後是年爲中都宰矣

宣

五十一孔子還爲中都宰　這一年陞到司空如鶯遷
五十二官又陞爲大司寇　想當初民未知教實可憐
衙門中相傳赦了父子訟　惹得那季孫聽見不耐煩
殊不知聖人作用超凡俗　豈果然重載許登百仞山

自古道猛濟寬來寬濟猛　願後世長國家者仔細參

講 按家語孔子爲魯大司寇有父子訟者夫子同狴執之三月不別其父請正夫子赦之焉季孫聞之不悅曰司寇欺余曩告余曰國家必先以孝余今戮一不孝以教民孝不亦可乎而又赦何哉冉有以告孔子孔子喟然歎曰嗚呼上失其道而殺其下非理也不教以孝而聽其獄是殺不辜三軍之敗不可斬也犴獄不治不可刑也何者上教之不行罪不在民故也既陳道德以先服之而猶不可尙賢以勸之又不可卽廢之又不可然後以威憚之若是三年而百姓正矣其有邪民不從化者然後待之以刑則民咸知罪矣詩曰天子是毗俾民不迷是以威厲而不試刑錯而不用今世則不然亂其教繁其刑使民迷惑而陷焉從而刑之刑彌繁而盜不勝也夫三尺之限空車不能登者何哉峻故也百仞之山重載陟焉何哉陵遲故也今世俗之陵遲久矣雖有刑法民能勿踰

卷一　二

宣　且不表司寇孔某教黎元　再向那夾谷會上看事端
想當年齊景誤聽犂鉏計　藐視我孔老夫子是文官
他只說孔某知禮而無勇　因此上外雖合好內藏奸
暗吩咐萊蕪人衆齊動手　生刧那魯國君臣勢不難
誰料想有文事者有武備　自來的將軍號令嚴如山
孔夫子只消階前幾句話　立教那一些虎狠不動焉
若不是制伏齊人經三次　怎能令齊國君臣心膽寒
只見那景公羞愧來謝過　急忙忙使人還我汶陽田
請查看春秋左傳這樁事　明記在魯國定公第十年

講　按左傳定公十年春及齊平夏公會齊侯於祝其實夾谷孔丘相犂鉏言於齊侯

曰孔丘知禮而無勇若使萊人以兵魯侯必得志焉齊侯從之孔丘以公退曰士兵之兩君合好而裔夷之俘以兵亂之非齊君所以命諸侯也裔不謀夏夷不亂華俘不干盟兵不逼好於神爲不祥於德爲愆義於人爲失禮君必不然齊侯聞之遽辟之將盟齊人加於載書曰齊師出竟而不以甲車三百從我者有如此盟孔丘使茲無還揖對曰而不反我汶陽之田吾以共命者亦如之齊侯將享公孔丘謂梁邱據曰齊魯之故吾子何不聞焉事既成矣而又享之是勤執事且犧象不出門嘉樂不野合饗而既具是棄禮也若其不具是用秕稗也用秕稗君辱棄禮名惡子盍圖之夫享所以昭德也不昭不如其已乃不果享齊人來歸鄆讙龜陰之田春秋註四邑皆汶陽之田

禮隨三都

宣 因上年齊國還我汶陽田　至今歲聖人仍爲司寇官
行說着孔子行年五十四　一時裏隳都出甲正大權
通國人袞衣章甫興謳誦　果然是設法不用民無姦
這些事載在家語孔叢子　又曾見春秋定公十二年

講 按春秋定公十二年夏叔孫州仇帥師墮郈季孫斯仲孫何忌帥師墮費冬十有二月公圍成家語孔子五十四歲爲政沈猶氏不敢朝飲其羊公愼氏出其妻愼潰氏越境而徙三月則鬻牛馬者不儲價賣羔豚者不加飾男女行者別途道不拾遺男尚忠信女尚貞順四方客至不求有司皆如歸焉孔叢子初爲司寇國人謗之曰麛裘而韠投之無戾韠之麛裘投之無郵既而政化盛行國人誦之曰袞衣章甫爰得我所章甫袞衣惠我無私

因膰去魯

宣

孔夫子自從做了四寇官　制度的國又泰來民又安
幾幾乎聖道大行魯國治　實指望東周可爲在此間
不料想齊人生計歸女樂　擺列着文馬康樂在城南
季桓子微服往觀心裏動　遂邀着魯君同去看一番
君臣倆荒於聲色不理事　只見他三日不朝似瘋癲
想當時聖人年紀五十五　正在那定公一十有三年

講

按史記齊人聞而懼曰孔子爲政必霸霸則吾地近焉我先爲之幷矣盍致地焉犂鉏曰請先嘗沮之沮之而不可則致地庸遲乎於是選國中女子好者八十人皆衣文衣而舞康樂家語作舞容璣註舞曲名文馬四十駟以遺魯君陳於魯城南高門外高門城門名也季桓子微服往觀再三將受焉乃語魯君爲周道遊觀觀之終日怠於政事子路曰夫子可以行矣子曰魯今且郊如致膰於大夫則吾猶可以止桓子卒受女樂三日

不聽政郊又不致膰俎於大夫孔子遂行宿乎屯 近郊地名

宣 孔夫子拿定主意要去魯　單等着郊祭時候看事端
行說着時節到了南郊日　魯君臣一齊都來敬上天
最可憐苟且了事只當戲　又搭上膰肉不賜衆位官
孔夫子趁此機會難留住　急忙忙不暇脫冕而行焉
這一去宿乎南郭近效地　有師已與他餞行把話傳

講 按史記孔子行宿乎屯師已送曰夫子非罪也孔子曰吾歌可乎歌曰彼婦人之口可以出走彼婦之謁可以死敗優哉遊哉聊以卒歲師已反以告桓子歎曰夫子罪我以羣婢也歷聘紀年孔子去魯作歌曰予望魯道兮龜山蔽之手無斧柯奈龜山何又歌猗蘭操曰習習谷風以陰以雨之子于歸遠送于野何彼倉天不得其所逍遙九州無有定處世人闇蔽不知賢者年紀高邁一身將老

靈公郊迎
卷一

宣

孔夫子歌聲已畢遂適衛　因上那顏讐由家把身安

衛靈公見了孔子心歡喜　立刻時致粟六萬養高賢

這一年孔子還是五十五　仍在那定公一十有三年

到過年孔子就是五十六　在衛國住了十月心不安

衛靈公養賢終是虛懸套　我夫子周遊他豈肯素餐

匡人解圍

宣 打算着去了衛國適陳國　這路程須從匡地過一番

講 按一統志匡城在大名府開州長匡縣西南十五里

宣 不料想聖人今日過匡地　偏因爲他的貌像惹禍端

他本是道高德厚孔夫子　這匡人將他誤作陽虎看

匡簡子令旗一擺人馬動　把聖人圍的一似九重山

總有那拆天補地神妙手　誰能保夫子性命全不全

倘若是匡地死了尼山叟　誰可能傳道來世萬萬年

誰可能序書斷自唐虞世　誰可能删詩只存三百篇

誰可能纂修春秋寓褒貶　誰可能繫彖周易有文言

又誰能訂禮正樂有確見　又誰能見隼識矢有眞傳

又誰能於吳認得防風骨　又誰能於楚認得蓱實甜
咱這裏緘口莫言未來事　先說那雄冠劍佩勇士焉
有子路怒髮冲冠要出馬　眼睜睜一場大戰在眼前
說仲由爾今不必發急躁　且從容平心靜氣聽我言
咱和這匡人無讐又無恨　這兵馬幷非無因而至前
想一想中天之世苗民反　有虞舜他郤舞羽幷舞干
爾看他文德一敷狠烟滅　咱何不彈一番來歌一番
但見那子路彈琴夫子和　實在是曲奏三終解甲還

講　按史記孔子過匡時顏刻爲僕以其策指之曰昔吾入此由彼缺也陽虎嘗暴匡人匡人遂止孔子孔子狀類陽虎拘焉家語匡簡子以甲士圍之子路將與戰孔子

止之曰由歌予和子路彈琴而孔子和之曲三終匡人解甲而罷史記謂使從者爲甯武子臣於衛然後得去謬甚此時豈有甯武子

禮見南子

宣

孔夫子去匡不下黃河南　西北路要過蒲邑把風觀
過蒲邑孔子行旌又反衛　這就是一年兩次至衛間
合前算自從去衛到今日　不過是待了個月零幾天
暫向那蘧伯玉家把身歇　眞正是聖賢相知分外甜
適遇着舊館人家方營葬　孔夫子弔喪之後又脫驂
這一年五十六歲還在衛　偏有那夫人南子願見焉

講

按史記去匡過蒲月餘反乎衛主蘧伯玉家檀弓孔子之衛遇舊館人之喪入而哭之哀出使子貢脫驂而賻之史記靈公夫人南子使人謂孔子曰四方之君子不辱欲與寡君爲兄弟者必見寡小君寡小君願見孔子辭謝不得已而見之夫人在絺帷中孔子入門北面稽首南子自帷再拜環佩玉聲璆然孔子曰吾向爲弗見見之禮答焉

宣

孔子爲至聖　英名天下傳　一朝至衛國　南子願見焉

出於不得已　因此去面參

孔夫子去見小君禮當然　他本是不緇不磷白且堅

一入門北面稽首將他拜　這南子帷中還禮玉聲喧

常言道聖人無可無不可　倒惹的子路心裏不喜歡

暗說道光明正大是夫子　今日去見此淫婦是何緣

那子路霎時代出不悅色　孔夫子自己心裏甚正焉

遂說道予所否者天必厭　爾休要胡思亂想起疑端

且不言師徒二人爭長短　再把那衛靈公來表一番

講

按史記孔子居衛月餘靈公與夫人同車宦者雍渠驂乘出使孔子爲次乘招搖

市過之子曰吾未見好德如好色者也醜之去衛過曹去曹適宋宣

衛靈公愛上南子色傾國　有一日同坐車中去遊觀

既是那太監雍渠爲驂乘　又使那魯國聖人向馬前

他兩個無恥夫婦不嫌醜　孔夫子誠是不以爲然焉

宋人伐木
圖歌
卷一
二〇

宣 因此上去了衛國過曹地　要向那宋國以裏把身安
師徒們檀樹以下正習禮　又來了司馬桓魋把臉翻
領兵來伐了檀樹往前赶　要殺那道高德厚孔聖焉
此一時從遊弟子皆恐懼　孔子說天生德予不相干
也就着這個光景不大好　急忙忙換了衣服過宋關
這一年孔子仍是五十六　還在那定公一十有四年

講 按史記孔子去曹適宋與弟子習禮大樹下宋司馬桓魋欲殺孔子拔其樹孔子去弟子曰可以速矣子曰天生德於予桓魋其如予何微服過之適鄭

骨辨防風
卷一

既脫了宋國患難又適鄭　冷清清一人獨立東門前
有鄭人見了子貢褒且貶　便說道現有一人在東關
我看他顙上恰似堯一樣　又搭上臯陶之項子產肩
腰以下不及禹王有三寸　累累然好像一個喪家犬
有子貢見了孔子學一遍　孔夫子忻然而喜便開言
論起來形狀末事不要緊　說我似喪家之犬大不然
急忙忙過了鄭國投陳國　要向那司城貞子把身安
他二人風雨談心結契好　又有那吳國史臣問事端

講 按史記孔子五十七歲適鄭與弟子相失獨立郭東門鄭人或謂子貢曰東門有人其顙似堯其項類臯陶其肩并子產腰以下不及禹三寸累累然若喪家犬至陳主司城貞子又吳伐越墮會稽得骨專車吳使使問仲尼骨何者最大仲尼曰禹致

羣侯於會稽山防風氏後至而戮之其骨專車此爲大矣又有隼集於陳庭而死楛矢貫之（楛木名）石砮（以石爲砮）矢長尺有咫（八寸曰咫）陳侯潛氏（魯語家語皆作惠公）使使問仲尼仲尼曰此肅愼之矢也昔武王克商通道九夷八蠻肅愼氏貢楛矢以分太姬配虞胡公而封諸陳試求之故府果得之

宣
孔夫子博古通今天下傳　驚動的列國人人仰高山
有吳國得了骨節專車大　因使人來到陳國問一番
孔夫子從頭至尾說來歷　使者說夫子眞來如神然

楛矢貫隼

宣

又遇着陳國飛來一隼鳥　從空中落將下地死庭前
那隼鳥身帶楛矢著了重　陳湣公看見這事起疑端
因此纔使人來問孔夫子　孔夫子從頭至尾訴根源
便說道此鳥來的委實遠　這樣箭惟獨肅慎纔有焉
昔武王平定殷亂得天下　肅慎氏拿着此箭上金鑾
論長短要有一尺零八寸　箭頭上安着石砮利且堅
周天子分封諸侯昭令德　將此箭賜於陳國藏庫間
陳湣公使人入庫觀此箭　纔服了孔子眞來如神然
這都是孔子在陳兩件事　那時節仍在定公十五年

五乘從遊

宣

行說着孔子年紀五十八　又遇着吳王侵陳國不安
因此纔去了陳國過蒲縣　有蒲人據邑興兵起狠煙
公叔氏止住孔子不得動　有一個武勇弟子怒冲冠
要問他姓名就是公良孺　他自己舍生忘死鬬陣前
把一些蒲人殺的心膽寒　他纔肯合我夫子立盟言
爾若是不適衛國吾出子　孔子說我就合爾盟一番
他兩個盟誓之言纔講罷　孔夫子竟向衛國又還轅
有子貢還說盟言不可背　要盟也神必不聽這一番
南華經曾載孔子削迹事　約略着就在去蒲適衛間

西河返駕

宣

衛靈公聞聽孔子來迎接　終就是不能實用又徒然
論語上期月三年一節話　就是我夫子此時發的歎
想當時中牟邑宰佛肸畔　雖使人來招孔聖也枉然
按排着急忙去衛適晉國　又聽的簡子一朝殺兩賢
孔夫子臨河而歎遂返駕　便說道丘之不濟命由天

講

按史記孔子居陳之歲吳侵陳陳被寇於是去陳過蒲會公叔氏以蒲畔蒲人止孔子弟子公良孺有勇力鬬甚疾蒲人懼謂孔子曰苟毋適衛吾出子與之盟出孔子孔子遂適衛子貢曰盟可負耶孔子曰要盟也神必不聽（莊子言削迹於衛在此時）衛靈公聞孔子來喜郊迎公老怠於政不用孔子孔子喟然歎曰苟有用我者云云佛肸爲中牟宰趙簡子攻范仲行氏伐中牟佛肸畔使人召孔子孔子欲往云云孔子既不得用於衛將西見趙簡子至河聞竇鳴犢舜華之死臨河而歎曰美哉水洋洋乎丘之

不濟此命也夫竇鳴犢舜華晉之賢大夫也而殺之丘聞之刳胎殺夭則麒麟不至其郊竭澤涸漁則蛟龍不處其淵覆巢毀卵則鳳凰不翔其邑何也惡傷其類也夫鳥獸之於不義尚知避之而況於人乎乃還息陬鄉作陬操家語作槃操以哀之操曰周道衰微禮樂陵遲文武既墜吾將焉歸周遊天下靡邦可依鳳凰不識珍寶鴞鴟眷言顧之慘然心悲巾車命駕將適晉都黃河洋洋攸攸之魚臨津不濟還轅息陬傷予道傷哀彼無辜翱翔於衛復我舊廬從吾所好其樂只且

靈公問陳
卷一
二六

宣

孔夫子作歌已畢又適衛　還向那蘧伯玉家把身安

這又是孔子一年兩至衛　合起來共總算是有四番

這時節孔子年紀五十九　又見那衛國靈公一老瞞

衛靈公不知問禮來問陣　又搭上仰視蜚鴻慢待賢

知魯廟災
孔孟圖攷 卷一 二七

宣　孔夫子舍了衛國向陳去　莫說是在陳絕糧有傳言
朱子後歷代名儒多考正　今移在魯國哀公第五年
行說着聖人年紀六十歲　方在那哀公三年五月間
有一日在陳聞知魯失火　就知道桓公僖公遭天譴
他兩個功德不足親又盡　遭這樣天火燒毀理當然
既而那魯國使者以實告　這陳侯又服孔子如神焉
此一時康子欲召又不召　孔夫子在陳就有歸與歎

講　按春秋哀公三年夏五月辛卯桓宮僖宮災左傳孔子六十歲在陳聞火曰其桓僖乎（以親盡不毀故）史記秋季桓子病輦而見魯城喟然歎曰昔此國幾興矣以吾獲罪於孔子故不興也顧謂康子曰我死必召仲尼桓子卒康子欲召仲尼公之魚曰昔吾先君用之不終爲諸侯笑今又用之不終是再爲諸侯笑康子曰召誰而可曰必召冉

求於是使人召冉求孔子曰歸與歸與吾黨小子云云冉求既去明年孔子六十一歲自陳遷於蔡此哀公四年事也是時蔡已遷於州萊上蔡新蔡故地已屬楚而史記猶叙蔡事非是夫子自陳如蔡就葉公耳與蔡何與焉

宣

季桓子身帶重病有遺言　囑咐他兒子名肥聘尼山
季康子聽從父命聘孔子　偏有那公之魚來加諂言
現放着至德孔子不去召　單單的召那冉求何意焉
總就是足民之才也有用　那赶上聖人經濟十分全
最可惜別國不用魯亦舍　再指望吾道大行難上難
孔夫子因此就有歸與歎　想看那吾黨小子是狂狷
到明年孔子年紀六十一　正在那魯國哀公第四年
有冉求自陳歸魯仕於季　孔夫子去了陳國向蔡遷

在陳絕粮

宣 我有心接說陳蔡絕糧事　先把那後儒辨正提一番

講 按史記楚昭王使人聘孔子孔子將往拜禮而陳蔡大夫發徒圍之故孔子絕糧於陳蔡之間朱子辨之曰是時陳蔡臣服於楚安敢圍之且按論語絕糧當在去衛如陳時按朱子之辨確矣然論語雖記絕糧於去衛後亦非初至陳之時也孟子云君子阨於陳蔡之間言間者兩地相接之處考蔡始封在今汝寧之上蔡縣其後平侯徙汝寧之新蔡縣皆與陳相近哀公二年十二月蔡昭侯畏楚遷於吳之州來則吳陳相距數百里中間絕隔不得言陳蔡之間矣然則絕糧陳蔡之間當在哀公四年自陳遷蔡時指故地上蔡言之耳蔡既遷則故蔡地皆屬於楚是時楚昭王賢葉公亦賢夫子欲用楚故如葉如蔡蓋故蔡邑葉公兼治之孔子自陳如蔡就葉公耳與蔡國無涉也論語記在陳絕糧別一時事不必即在去衛如陳之年也謹按孔子自陳如蔡似由亥月啓行至絕糧時已交子月合以周正過年矣故絕糧事雖當哀公四年自陳遷蔡時而敘事者終必記在哀公五年孔子六十二歲時也是時陳尚被寇孔子行未必餽饟故蔡地屬楚葉公又不知孔子來故也

宣

今考定孔子絕糧陳蔡間 當在那六十二歲哀五年
都說是陳蔡之阨在此際 若說是陳蔡興兵還細參
按一按史記家語有此論 朱夫子早斷此事大不然
孔安國昔日也曾有舊註 嘗說道吳國伐陳陳不安
孔夫子不居亂邦適蔡國 因此纔路途以上乏貲焉
倘若是楚國昭王聘孔子 那陳蔡安敢興兵圍聖賢
這一時蔡國遷入吳國去 剩下些城郭府市屬荊蠻
沈諸梁雖在業邑爲縣尹 封的他蔡國地面管的全
孔夫子欲就葉公因適蔡 適遇着資斧乏絕受艱難
這纔是陳蔡之阨實跡事 正在那魯國哀公第五年

講　按陳蔡之間孔子六十二歲絕糧召子路問曰詩云匪兕匪虎率彼曠野吾道非耶何爲至於此子路曰意者吾未仁耶人之不我信也吾未知耶人之不我行也孔子曰由使仁者而必信安有伯夷叔齊使知者而必行安有王子比干子貢曰夫子之道至大故天下莫能容夫子盍少貶焉孔子曰賜良農能稼而不能爲穡良工能巧而不能爲順顏回曰夫子之道至大故天下莫能容雖然不容何病不容然後見君子孔子欣然笑曰有是哉顏氏之子使爾多財吾爲爾宰明日免於厄遂如蔡如葉

子西阻封

宣

咱再說魯家哀公第六年　這一時孔子年紀六十三
沈諸梁虛心前席來問政　便有那近悅遠來一席言
自此後去了葉邑遂如楚　又遇着沮溺耦耕問津焉
楚昭王使人奉迎到公館　有一日訪問萍實如蜜甜
想當年將封書社七百里　寶指望大行其道在荊蠻
不料想賢如子西多阻當　孔夫子自楚過蔡入衛間

講

按家語楚王渡江有物大如斗圓而赤觸王舟王使人問孔子孔子曰此所謂萍實者也昔過陳之野聞童謠曰楚王渡江得萍實大如斗赤如日剖而食之甘如蜜是以知之史記楚昭王將以書社七百里封孔子令尹子西曰王之使人諸侯有如子貢者乎輔相有如顏淵者乎將帥有如子路者乎官尹有如宰我者乎夫文王武王卒王天下令孔丘得據土壤賢弟子爲佐非楚之福也昭王乃止孔子自楚反蔡

復入衛

宣

楚昭王聽信子西不用賢　孔夫子自楚過蔡入衛間

這一時靈公已死衛輒立　適遇着興兵拒父起禍端

還想着正正名分是本願　豈肯在無父之國去做官

不過是公養之仕猶或可　他這纔居衛數月稍遲延

這又是孔子末年適衛事　到今日合前算來有五番

再往前六十四五六十六　這三年淸靜無事把道傳

及到了哀公十年六十七　大不幸死了賢妻亓氏官

講

按年譜哀公十年夫人亓官氏卒昔人謂孔子出妻近世豐城甘駁麟辨其無此事云檀弓載門人問子思曰子之先君子喪出母乎此殆指夫子之於施氏而言非伯魚之於亓官也初叔梁公娶施氏生九女無子此正所謂無子當出者家語後序

所謂叔梁始出妻是也若伯魚之母死當守父在爲母期之禮過期當出檀弓記其期而猶哭故夫子抑其過而止之何得誣爲喪出母

辭衛歸魯

宣 轉眼間到了哀公十一年　急回來再表冉求一名賢
仗義勇用矛於齊郊之戰　有魯人見他軍功甚喜歡
季康子便問從誰學軍旅　立獲了八十甲首在陣前
冉求說我能軍旅非關性　原來是學於孔子纔能諳
季康子因使三人聘孔子　他這纔舍了衛地還家園
這一時孔子年紀六十八　合從前去魯已隔十四年

講 按史記冉求爲季氏將帥與齊戰克之季康子曰子之於軍旅學之乎性之乎冉有曰學於孔子康子曰孔子何如人對曰用之有名播之百姓而無憾康子曰我欲召之可乎對曰欲召之則毋小人間之康子遂使公華公賓公林以幣迎孔子孔子歸魯 孔子自五十五歲去魯至此凡十四年而始歸

宣 孔夫子周遊列邦已多年　到於今六十八歲回家園

他曾說東西南北之人也　合起來歷聘約有四十番
自從那三十四歲適周國　以後是多在列邦把風觀
在齊國前後兩番皆一歲　若要說留齊七年是妄談
在衛國前後共算有五次　也不過或居數月或周年
在陳國前後二次皆年半　畢竟是無人認得聖與賢
不必提宋鄭蒲曹只一過　就是那楚國往還僅一年
從可知列邦除了魯一外　果然是未嘗有終三年焉

陵邱歌作

宣

看起來父母之邦還好些　再聽我撮其大略訴根源

白從那為兒嬉戲居於魯　二十二教學到了三十三

往後說三十七歲又返魯　連過了五個年頭在杏壇

而獨有四十三到五十五　於本國一連住了十三年

曾記得前八年內皆教學　到了那後五年裏做的官

自從那五十五歲去魯國　直到今六十八歲始還轅

在他邦已經受過多少苦　庸詎知今日聘來不回甘

庸詎知籬菊不從秋後發　庸詎知嶺梅不放雪中妍

庸詎知倉松不顯於歲暮　庸詎知青萍不終遇薛卞

庸詎知太公發時已耄耋　我今日竟不更興在晚年

孔夫子指望老來能大用　誰料想終身出世更無緣
最可惜末年歸魯魯不用　因作了邱陵一歌自傷歎

講、按孔叢子哀公使以幣如衛迎孔子而卒不能用也故孔子作邱陵之歌曰登彼邱嶺峛(音邐)崺(音以)其阪(邱陵謂王室也阪指諸侯峛崺卑長貌)人道在邇求之若遠遂迷不復自嬰屯蹇喟然迴慮題彼泰山(題顧也泰山謂魯也)鬱確其高梁甫迴連枳棘充路陟之無緣將伐無柯患茲蔓延惟以永歎涕霣(音隕)潺湲(梁甫泰山之下小山指三桓也)史記魯終不能用孔子孔子亦不求仕追述三代之禮序書傳禮記語魯太師樂禮樂自此可得而述也又晚而喜易序彖繫象卦文言讀易韋編三絕曰假我數年若是我於易彬彬矣

宣　孔夫子末年歸魯魯不用　又把那詩書禮樂論一番
還想着學學易經能寡過　因禱告上天於我加數年
杏壇上師徒聚首最可樂　指望着吾黨以內把道傳

行說着孔子年紀六十九　把一個伯魚兒子染黃泉
又不幸孔子到了七十歲　死了個得意徒弟是顏淵

西狩獲麟

宣　又不幸孔子到了七十一　忽見那魯人得麟淚漣漣

講　按左傳哀公十四年春西狩於大野叔孫氏之車子微者其名鉏商獲麟以爲不祥以賜虞人仲尼七十一歲觀之曰麟也然後取之公羊傳孔子曰孰爲來哉孰爲來哉反袂拭面泣涕沾襟曰吾道窮矣註元和大野澤一名鉅野今山東兗州府嘉祥縣有獲麟堆（嘉祥本鉅野分置）

宣　最可傷麒麟來在大野間　昔年時曾吐玉書闕里傳
那本是麒麟送子祥瑞兆　今日裏世無王者奚至前
有魯人不知此物明談論　孔夫子聞聽此言便開觀
暗說道誰爲來哉誰爲主　就知道吾道大行難上難
不覺的反袂拭面流痛淚　只見他哭一番來歌一番

講　按孔叢子孔子作歌曰唐虞世兮麟鳳遊今非其時來何求麟兮麟兮我心憂史

記乃因魯史作春秋叙十二公事據魯親周約其文辭而指博故春秋之義則天下亂臣賊子懼焉

宣 孔夫子見了麒麟暗傷歎 遂把那春秋一書編一番
十二公記事纂言挨次序 大約是尊王賤霸一席言
大聖人筆則筆來削則削 在游夏就是一字不能添
敘到這西狩獲麟絕了筆 論時節方在哀公十四年

夢奠兩楹

宣 到過年子路死於孔悝難　孔子說祝余祝余屢傷歎
畢竟是七十一二還平穩　最不幸七十三上塲了天
四月裏做了一夢最不吉　到了那乙丑日子染黃泉

講 按檀弓孔子蚤作負手曳杖逍遙於門歌曰太山其頹乎梁木其壞乎哲人其萎乎既歌而入當戶而坐子貢問之曰太山其頹則吾將安仰梁木其壞哲人其萎則吾將安放夫子殆將病也遂趨而入夫子曰賜爾何來遲也夏后氏殯於東階之上則猶在阼也殷人殯於兩楹之間則與賓主夾之也周人殯於西階之上則猶賓之也而丘也殷人也予疇昔之夜夢坐殿於兩楹之間夫明王不興天下其孰能宗予予殆將死也蓋寢疾七日而沒春秋續經哀公十六年壬戌夏四月己丑孔丘卒杜預註四月十八日乙丑無己丑己丑五月十二也日月必有誤按馮李驊云夫子卒當謹而志之何至日月有誤也二說從四月乙丑為正以每時必書首月即書夏四月則必非五月己丑矣

哀公立廟

宣

孔夫子夢中坐奠兩楹間　就知道此夢不吉命歸天
自此後寢疾七日棄凡世　驚動的哀公來弔有誄言
哭一聲哀哉尼父棄我去　又誰能輔助寡人把位安

講

按左傳哀公十六年孔丘卒公誄之曰旻天不弔不憖遺一老俾屏余一人以在位煢煢余在疚嗚呼哀哉尼父無自律又爲立廟置守廟人一百戶

治任别歸

宣 此一時子貢爲長主喪事　公西氏執掌殯塟禮周全
所用的夏商殷周三王禮　塟埋在魯國城北泗水間
衆門人心喪三年將分散　進門來見了子貢心慟酸

講 按檀弓孔子之喪門人疑所服子貢曰昔者夫子之喪顏淵若喪子而無服喪子路亦然請喪夫子若喪父而無服又孟子昔者孔子沒三年之外門人治任將歸入揖於子貢相嚮而哭皆失聲然後歸子貢反築室於場獨居三年然後歸

宣 衆門人你南我北回家去　惟子貢築室獨居又三年
這俱是至聖一生眞實蹟　今日裏從頭至尾訴根源
倘學者再三歌詠執記住　也得算攻錯之石在他山

孟子圖歌序

月者。繼日以明者也。孟子者。繼孔子以明者也。夫天無日固不明使徒有日。日退則無以爲明。世無孔子固不明。使徒有孔子。孔子歿則無以爲明。孟子者。繼孔子以明者也。卽繼孔子以生人者也。比之於天。殆猶月也。何者。人苟不明。則深闇迷惘。不知所之。日入於邪而不知其禍。必至無父無兄。至人皆無父無兄。則五倫不立。八德不飭。刀兵水火交起。人理絕而人類滅矣。人苟能明。則洞達澄澈。自有定向。日趨於正而不覺。其道惟依入孝出弟。至人皆入孝出弟。則五倫立。八德飭。富貴壽考并臻。人理著而人類繁矣。孟子一生。力闢楊墨。專宗孔子。蓋以此也。或謂孟子。闢楊墨宗孔子。亦未轉戰國爲唐虞。若是乎孟子雖能明道。而實不能生人也。豈知戰國若無孟子出而正人心。息邪說。詎詖行。放淫辭。而一任爲我兼愛縱橫刑名之徒。高張飛燄。肆其慘惡。奇毒所流。靡有孑遺。人類固早已滅絕矣。又安能繩繩續續相傳至今哉。此先賢先儒所由俱推其功。不在大禹下也。且夫大禹遠矣。而人之入野者。猶稱曰禹甸。孟子遜矣。而人之論道者。猶與孔子幷稱之曰孔孟之道。孟子之功。信乎較顏曾思三子而尤偉矣。凡民當何如一意信從。奉爲孔教之指南。而終身率由不失也。乃近數年來。正教不明。人各異見。家各異聞。教名之多。殆至數十計。而庸愚無識。方且迷茫雲霧。深入不返。其亦思天無二日。即無二月。世無兩至聖。即無兩亞聖乎。又何必復舍朗朗明月。而自尋雲霧爲耶。倘得吾圖吾歌。而翻然改就吾孟子。以永作爲孔教之指南焉。其亦可爲能出幽谷而遷喬木矣。庶朗朗明月。亦不至永爲雲霧所蔽也乎。

光緒三十年三月念六日山左歷城江鍾秀

亞聖孟子
月
卷二
十二

孟子圖歌前引

孟子曰。人之所不慮而知者。其良知也。所不學而能者。其良能也。孩提之童。無不知愛其親也。及其長也。無不知敬其兄也。親親仁也。敬長義也。無他達之天下也。夫曰達之天下。則無量數人皆知仁義皆能仁義矣。然則今茲非宣講孟子也。亦宣講無量數人心中之仁義耳。

引曰

說起孟夫子　天下人盡知　若論生平事
誰能核其實　閒來無的做　編部宣講詞
諸君請落坐　聽我提一提

泰山乘雲
卷二
三二

宣

常言道鄒縣亞聖萬古傳　聽著我從頭至尾溯根源

那亞聖父親原是孟孫激　娶了個聖配仉氏甚周全

適仉氏夜來做了一番夢　有神人乘雲來至嶧山前

說泰山眞是有神多靈爽　至醒了生了一個聖人男

他本是字表子輿名孟軻　生在那周室烈王有四年

論生日巳酉四月初二日　願學人牢記心懷不僞傳

講

按孟子譜云孟子未生時母夢神人乘雲扳龍鳳自泰山來將止於嶧凝視久之忽見片雲墜而寤時閭巷皆見五色雲覆孟氏宅而孟子生焉

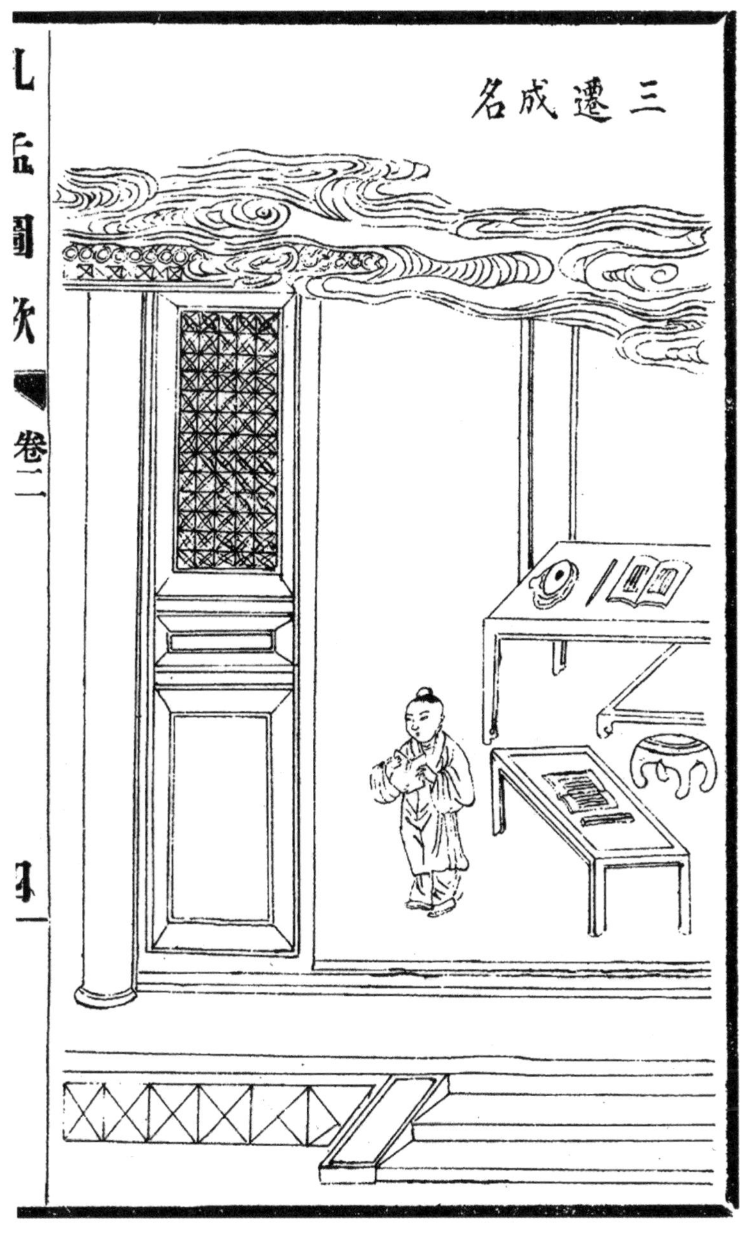
三遷成名
卷二

宣 最可憐三歲不幸喪了父　適孟母居舍偏鄰墳墓間
初孟子嬉遊惟學埋墳事　被孟母看見甚是不喜歡
因此這方遷日中爲市地　不料想孟子又學貿易焉
這孟母靜念學賈亦非計　於是乎遷居又在學宮前
到了那學宮之前陳俎豆　講習的一切禮貌甚周全

講 按韓詩外傳云孟子之少也其舍近墓田嬉遊爲墓間之事孟母曰此非所以處子乃去舍市傍其嬉遊爲賈人衒賣之事孟母曰此又非所以居吾子也復徙舍學宮之傍其嬉遊俎豆揖讓進退之禮孟母曰此眞可以居吾子矣遂居之

師事子思

宣 到了那十歲孟母促就學　這孟子束裝就到魯國間
那述聖子思原是孔子後　就將那堯舜仁義與他談
子上見這樣優禮大不悅　那述聖更將孟子誇英賢

講 按孔叢子云孟子輿尙幼請見子思子思見之甚悅其志命子上侍坐焉禮敬之甚崇子上不願也客退子上請曰白聞士無介不見女無媒不嫁孟孺子無介而見大人悅而敬之白也未喻敢問子思曰然吾昔從夫子於郯遇程子於塗傾蓋而語終日而別命子路將束帛贈焉以其道同於君子也今孟子車孺子也言稱堯舜性樂仁義世所希有也事之猶可況加敬乎非爾所及也又孟子問子思曰堯舜文武之道可力而致乎子思曰彼人也我人也稱其言履其行夜思之晝行之滋滋焉汲汲焉如農夫之赴時商之趣利惡有不至者乎又孟子問牧民何先子思曰先利之曰君子之所以教民亦仁義固所以利之乎子思曰上不仁則下不得其所上不義

則下樂爲亂也此爲不利大矣故易曰利者義之和也又曰利用安身以崇德也此皆利之大者也又子思謂孟子曰自大而不修其所以大不大矣自異而不修其所以異不異矣禮接於人人不敢慢辭交於人人不敢侮其惟高遠乎

斷機喻學

宣

雖然是從此學問大長進　畢竟猶未到盡善盡美間

胡爲乎中道而廢歸家去　被母親忽然看見帶怒顏

這孟母取刀斷機罕譬諭　那列女傳中詳細記一篇

講

按列女傳云孟子之少也既學而歸孟母方績問曰學所至矣孟子曰自若也孟母以刀斷其織孟子懼跪而問其故孟母曰子之廢學若吾斷斯織也夫君子學以立名問以廣智是以居則安寧動則遠害今爾廢之是不免於厮役而無以離於禍患也何以異於織績而食中道廢而不爲寧能衣其夫子而長不乏糧食哉孟子懼旦夕勤學不息師事子思遂成天下之名儒又按韓詩外傳云孟子少時東家殺豚孟子問其母曰東家殺豚何爲母曰將啖汝其母自悔而言曰吾懷妊是子席不正不坐割不正不食胎教之也今適有知而欺之是教之不信也乃買東家豚肉以食之明不欺也

宣 倘若是孟子中年廢了學　誰可能傳得孔教萬萬年
誰可能尊王黜霸距功利　誰可能入孝出弟無間言
誰可能知言養氣有實學　誰可能守先待後有眞傳
可見這全賴孟母斷機訓　眞不愧頂天立地一奇男
越數年孟子娶妻屬田氏　這田氏生男仲子亦稱賢

講 按韓詩外傳云孟子妻獨居踞孟子入戶視之白其母曰婦無禮請去之母曰何也曰踞其母曰何知之孟子曰我親見之母曰乃汝無禮也非婦無禮禮不去乎將入門問孰在將上堂聲必揚將入戶視必下不掩人不備也今汝往燕私之處入戶不有聲令人備而視之是汝之無禮也非婦無禮也於是孟子自責不敢去婦又按孟氏譜乃三遷志皆云孟子娶田氏生仲子名睪

遊見齊宣

宣

自此後孟子行旌往齊國　齊宣王見他心裏甚重焉
那宣王親到雪宮來問政　待改日封以客鄉爲了官
庶幾乎王道能行齊國治　實指望堯舜君民在此間
不料想宣王本是一庸主　惟事事能聽而不能用焉
從可見天意未欲平天下　這事在孟子四十餘歲間
那編年輕信通鑑記年數　謂孟子先梁後齊大不然
倘果然周流先梁後齊國　梁惠王一見胡爲稱叟焉

講

按遊見齊宣孟子本書備載又按韓氏外傳云孟子說齊宣王而不悅淳于髡侍孟子曰今日說公之君公之君不悅意者其未知善之爲善乎淳于髡曰夫子亦誠無善耳昔者瓠巴鼓瑟而潛魚出聽伯牙鼓琴而六馬仰秣魚馬猶知善之爲善而

況君人者也孟子曰夫電雷之起也破竹析木震驚天下而不能使聾者卒有聞日月之明徧照天下而不能使盲者卒有見今公之君若此也淳于髡曰不然昔者揖封生高商齊人好歌杞梁之妻悲哭而人稱詠夫聲無細而不聞行無隱而不形夫子苟賢居魯而魯國之削何也孟子曰不用賢削何有也呑舟之魚不居潛澤度量之士不居汚世夫蘗冬至必彫吾亦時矣詩曰不自我先不自我後吾非遭彫時者歟又按荀子云孟子三見齊宣而不言事弟子問曰何爲不言孟子曰我先攻其邪心

返魯葬母

宣

齊宣王養賢終是虛懸套　在齊國數年僅僅把身安
那孟母壽數已盡歸天去　這孟子返魯葬母馬鞍山
復手刻石像跪置母墳裏　到宋朝始得移之廟中焉

講

按去齊葬母孟子本書備載又按列女傳云孟子處齊而有憂色孟母見之曰子若有憂色何也孟子對曰軻聞之君子稱身就位不爲苟得而受賞不貪榮祿諸侯不聽則不達其士聽而不用則不踐其朝今道不行於齊願行而母老是以憂也孟母曰夫婦人之禮精五飯幕酒漿養舅姑縫衣裳而已矣故有閨內之修而無境外之志易曰在中饋無攸遂詩曰無非無儀惟酒食是議以言婦人無專制之義而有三從之道也故年少則從乎父母出嫁則從乎夫夫死則從乎子禮也今子成人也而我老矣子行乎子義吾行乎吾禮又按趙岐題辭云孟子魯公族孟孫之後故孟子仕於齊喪母而葬於魯即今馬鞍山孟母墓是也又孟子葬母自刻石像置母墓裏迨後宋人修孟母墓始出而移之廟中焉

臧倉阻駕

宣

自此後在家住了十數載　這年紀約在五十餘歲間
適鄒與魯國穆公來問策　急取那親上死長論一番
樂正子適在魯國爲了政　因速將孟子薦於平公焉
魯平公聞聽此言甚歡喜　於是乎將身親往迎高賢
想當年平公果然能親見　定可得大展抱負在此年
不料想嬖人臧倉來阻駕　他說是孟子舌辨不爲賢
若要是賢者心能知經禮　那孟子何爲後喪踰於前
魯平公不明道理遂回駕　天未欲平治天下又何言

講

按臧倉阻駕孟子本書備載又按廣文選云魯平公與齊宣王會於梟繹山下樂克備道孟子於平公曰孟子私淑仲尼其德輔世長民其道發政施仁君何爲不見乎

滕文問道

宣　越數年孟子遊薛併遊宋　滕文公世子過宋問道焉
孟夫子言言與他道性善　然必是取那堯舜徵一番
迨定公卒後然友來問禮　三年喪始見行於戰國間
從此時孟子行旌往滕國　又把那井田學校講一番
不料那許行自楚來亂法　幸歷述堯舜折的他無言

講　按文公問道孟子本書備載又按朱子謂滕文公過宋及問爲國兩章見孟子之學識其大者是以雖當禮法廢壞之後制度節文不可復考而能因略以致詳推舊而爲新不屑屑於既往之迹而合乎先王之意眞可謂命世亞聖之才矣

遊見梁惠

宣

孟夫子周遊列國已多載　到老了六十餘歲至梁間

梁惠王見他年高甚敬重　開口稱叟就把那利來談

孟子道仁義爲國又何有　無煩令國人爭奪起禍端

倘當年果能舉國先生聽　又何難俾梁天下莫強焉

無如那惠王利心深入骨　終就是不能實用亦徒然

到後日惠王已死襄王立　一見他便說不似人君焉

這遊梁確是孟子老年事　若要說先梁後齊大不然

或有問七篇何以梁居首　曰是以仁義折他功利言

從春秋以至秦項無限禍　都是這利之一字作其端

已逆知後日復有大戰國　故退而作書以是居首篇

從可見孟子立言有深意　願全球萬國仁義共爲先

講　按孟子遊梁本書備載又按史記云惠王三十五年數敗於軍旅卑禮厚幣以招賢者鄒衍淳于髡孟軻皆至梁惠王曰寡人不佞兵三折於外太子虜上將死國以空虛無以修先君宗廟社稷寡人甚愧之叟不遠千里辱幸至敝邑之庭將何以利吾國乎孟軻曰君不可言利若君欲利則大夫亦欲利大夫欲利則庶人皆欲利上下欲利則國危矣爲人君仁義而已矣何以利爲又曰吾讀孟子至梁惠王問何以利吾國未嘗不廢書而歎也曰嗟乎利誠亂之始也夫子罕言利者常防其原也當是之時秦用商君富國强兵楚魏用吳起戰勝弱敵齊威宣王用孫子田忌之徒而諸侯東向朝齊天下方務於合縱連横以攻伐爲賢而孟子乃述唐虞三代之德是以所如者不合此豈有意阿世俗苟合而已哉持方枘欲內圓鑿其能入乎

論附

自古聖賢皆能於數千百年之前灼見於數千百年以後之患而預防之即計不行

功不成而後之人讀其書猶能想見其苦心而爲之掩卷太息也孔子一生志在春秋欲天下萬世皆知尊王而已孟子一生願學仲尼欲天下萬世皆知宗聖而已然欲使天下萬世皆知宗聖必先勦絕其侮聖者掃滅其叛聖者不能以潛消未來之鉅患而大造天下萬世之幸福何者戰國時惟秦有統一天下之勢正吾孟子所樂藉其勢以行吾仁義之道者也乃秦自孝公以來其所尊而用之者皆在刑名法術汲汲求富强之輩其所卑而棄之者皆在詩書禮樂皇皇求仁義之儒無論吾孟子不肯枉道求彼也即稅駕至秦彼視之不過一迂腐老生耳烏足與談天下事所謂視吾儒曾不一芥若者此也夫人情始卑而棄之者久則厭而棄之以秦之蔑視吾儒復濟之以虎狼之横兼乘之以囊括四海席捲八荒之勢其後必至焚書坑儒滅絕聖教固不必若孟子之聖而始知也孟子患之因思藉梁以遏其毒梁居兩河之間范雎所謂天下之樞也秦欲取天下必先取梁梁塞秦之衝而蔽山東之諸侯梁存而天下乃存天下存而聖教乃存故孟子之意以爲苟能與弱梁即能遏强秦能

過強秦卽能維聖教能維聖教而後曰焚書坑儒之鉅禍已潛消於今日區區大梁之一遊乃梁王不能聽孟子仁義之說以興其國而早滅虎狼之秦卒致秦政二十六年梁爲秦滅梁滅而六國皆滅六國滅而天下滅天下滅而焚書坑儒聖教亦隨之俱滅矣此孟子所以謂不仁哉梁惠王也豈徒指其所以不愛及所愛而言哉然孟子計雖未行功雖未成焚坑之禍吾儒卒實受之而猶幸孟子所作七篇未遭秦火爲吾聖教之碩果也不然焚坑而後孔子之道將何從發生乎孟子退作七篇特以遊梁居先其以斯歟而後世儒者因此謂遊梁在遊齊之先也誤矣孟子若曰七篇首遊梁夫亦使天下萬世皆知我遊梁之苦心而已非遊梁也乃過秦也非過秦也乃維教也詎意時隔二千餘年運數所迫拘墟之儒斥格致機械爲異學囂張之士鄙詩書禮樂爲迂談後此交訌流毒必烈而焚坑之鉅禍又將屆焉凡我同人詎可坐視而不一救耶是所望於山東之宗聖者是所望於中國之宗聖者併所望於萬國之宗聖者秀撰集孟子敬詞至遊梁不禁感慨係之因作論一首附誌於此大雅君子關心世教尙其鑒之諒之

力闢楊墨
孔丘圖歌
卷二
一五

宣

孟夫子指望老來能大用　誰料想終身出世更無緣
思使那孔子之道傳萬世　先指著楊朱墨翟駁一番
那楊子無君爲我固邪說　這墨子無父兼愛亦異端
倘若是戰國不生孟夫子　必至那天翻地覆又何言
眞比那洪水猛獸患尤烈　較之孔子時亂賊尤甚焉
孟子與世人反復辨無已　這功誠不在禹周孔下焉

講

按力闢楊墨孟子本書備載又楊子法言云古者楊墨塞道孟子辭而闢之廓如也又歐陽文忠公曰昔戰國之時楊墨交亂孟子患之而專言仁義故仁義之說勝則楊墨之學廢又史鶚言楊子爲我似義而害仁墨子兼愛似仁而害義天下靡然從之相率以歸於禽獸其害道也極矣孟子以命世之才挺然起而闢之使不得售其似義害仁似仁害義之邪說而後楊墨之道息孔子之道著昌黎謂微孟子人皆

服左衽而言侏儷者其在斯乎

光緒壬寅冬秀讀孟子至以力假仁者霸章乃歎孟子此章與中庸唯天下至聖章皆豫道破孔教徧行全球之機括也何以見之孟子不動心章稱孔子爲生民未有更歷述宰我子貢有若之言以實之即繼以此章孟子意以爲自古以德服人惟羲農黃帝堯舜禹湯文武數君然尚皆有力可藉至孔子則不階尺土之力而專以德服人天下惟專以德服人而一無所藉於力者其服人尤能無遠弗屆則後此合東西南北九萬里地球之大而皆心悅誠服尊之親之無疑矣何有於楊墨昔孟子對梁襄王曰天下定於一今吾亦曰各教定於孔子然不有孟子豫宣其藴於先後學又何從問津焉於戲午會之中轉瞬即屆孟子自西自東自南自北無思不服與子思子所言凡有血氣者莫不尊親之盛皆於我孔子實踐之矣楊墨云乎哉

退作七篇

宣

孟夫子歷聘多年終不用　因望着吾黨以內把道傳

退與公孫丑萬章諸弟子　因述那仲尼之意作七篇

取一生經歷纂言挨次序　大約是尊王賤霸一席言

講

按趙岐題辭云孟子年老知其道之不行恥歿世而無聞也是故垂憲言以貽後人仲尼有云我欲託之空言不如見之行事之深切著明也於是退而論集所與高門弟子公孫丑萬章之徒難疑問答又自撰其法度之言著書七篇二百六十一章三萬四千六百八十五字包羅天地揆敘萬類仁義道德性命禍福燦然靡所不載帝王公侯遵之則可以致隆平頌清廟卿大夫士蹈之則可以尊君父立忠信守志勵操者則可以崇高節抗浮雲有風人之托物二雅之正言可謂直而不倨曲而不屈命世亞聖之大才者也

禮慶賀冬

宣 最不幸八十四歲歸天去　正在那赧王二十有六年

論年干壬申子月十五日　其日正逢着冬至那一天

鄒人因哭他廢了賀冬禮　就將那孟子塟於四基山

這俱是亞聖一生眞事蹟　今日裏從頭至尾溯一番

願學者再三歌詠熟記住　也得算攻錯之石在他山

俺這裏一言難盡孟子事　惹得我窗下費了紙幾篇

講 按年譜云赧王二十六年十一月十五日孟子卒適遇冬至鄒人哭之因廢賀冬禮遂以成俗

孟子圖歌後結

孟子曰道在邇而求諸遠事在易而求諸難人人親其親長其長而天下平夫曰天下平則無量數人皆享太平之福矣然則今茲非宣講孟子也亦仍宣講無量數人心中之親親長長而俾永享太平之福耳

結曰

說完孟夫子　聽者當盡知　若論生平事
此能核其實　有時無的做　當思宣講詞
諸君請回去　各自提一提

孔孟圖歌跋

鄉約久廢宣講無人村野氓庶平素不獲聞孔孟正學惟於赴集入市時相率前往說書場中聽江湖遊子擊鼓拍板演說封神演義各種小說神奇鬼怪出天入地遂信爲眞庚子之變邪說一倡萬衆附和非以是歟歷城江君壽臣余譜兄也立志正大持論愷切時時以崇正學遏邪說爲心在鄉嘗集父老子弟與談論孔孟正教懇懇不倦拳術之興他村習者甚夥惟其村獨無一人是可知孟子經正民興民興斯無邪慝之言爲有據矣然壽兄亦非得天獨厚也蓋深有驗於人事以爲不如此不足以潛消禍患而同登仁壽也壽兄嘗考髮匪之難傷人二千萬陷城六百處十餘年無王之鉅禍實由洪逆侮聖課讀館內撤去孔子之位一事發端壽兄承嗣之先曾大父母與其兩大父暨其伯大父母併其幼叔皆戰歿於咸豐時髮匪之難幸其大母段孫兩節孝未遇害所難堪者親嗣既無期功之姪尚乏兩節孝艱難備嘗矢志靡他煢煢無依儉苦度日迨光緒年間始以嫡堂嫂劉節孝子孝堂仁伯爲嗣因

急命孝伯赴縣房探詢團長陣亡當如何呈報據云吏部已咨行凡死事在十年以外者不准再行請卹孝伯旋家覆命段孫兩節孝流涕曰吾兩人所以冒萬死苦守在此者無非以我翁姑夫姪同時陣亡奇行至慘不可以淹歿不彰也今乃如此尙何言哉因號泣尋死碰頭流血孝伯尊閫曲旌君壽山女也幼承家法賢孝夙著于歸後甚得兩節孝歡心急偕孝伯長跪哀乞百端勸解誓爲先人表揚潛德兩節孝乃不死孝伯曲孺人念表揚潛德非讀書不能乃爲壽兄延名師厚其館穀孝伯耕田服賈曲孺人日夜紡績以供束脩每當酷暑嚴寒作苦如常壽兄請少歇輒痛斥不允所入除供束脩外盡以孝養兩節孝及劉節孝已惟衣粗食疏壽兄以是激勵奮發學修兼優前督學尹佩之夫子前中丞張安圃及今方伯胡鼎臣兩大公祖均禮貌之過於恒常本省觀察郭介臣朱仰田兩夫子亦重其爲人著述有尊宗贅議庶人禮略兩書均已印行茲復編繪孔孟圖歌一書圖像精工歌詞詳明雖愚氓婦孺咸能觀覽曉喻從此人盡知尊孔孟黜邪說撥雲霧而覩日月何幸如之是卽家

置一編人手一卷夫豈贅乎古人云有志者事竟成徵之孝伯曲孺人益信惜曲孺人四十三歲卽逝未獲親見也然壽兄堅忍卓絕卒能成其親志亦可謂近今所不數數覯者也如弟同邑孔繼儒幼元謹跋

ISBN 978-7-5010-7476-1

9 787501 074761 >

定價：80.00圓